Inhalt

Einleitung..2
Vorwort..3
Zum Jahreswechsel blicken wir gespannt in die Zukunft..............................4
Die Kraft der Rauhnächte...5
Die Rauhnächte und die Reinigung..7
Das Licht wird neu geboren..10
Jahresabschlussbilanz - Reflexion des Alten Jahres...................................12
Einstimmung in das neue Jahr...15
Schritt für Schritt durch die Rauhnächte..19
1. Rauhnacht - 25. Dezember..23
2. Rauhnacht - 26. Dezember..25
3. Rauhnacht - 27. Dezember..27
4. Rauhnacht - 28. Dezember..29
5. Rauhnacht - 29. Dezember..31
6. Rauhnacht - 30. Dezember..33
7 Rauhnacht - 31. Dezember...35
8. Rauhnacht - 01. Januar..39
9. Rauhnacht - 02. Januar..41
10. Rauhnacht - 03. Januar..44
11. Rauhnacht - 04. Januar..47
12. Rauhnacht - 05. Januar..49
Bräuche in der Nacht der Wunder..50
Abschluss und Ausklang..51
Schlusswort..53
Über die Autorin..54
Bildnachweis..55

Einleitung

Willkommen in der faszinierenden Welt der 12 Rauhnächte! Dieses zauberhafte Buch entführt dich in eine Zeit voller Geheimnisse, Magie und mystischer Traditionen. Tauche ein in die dunkle Jahreszeit und lerne die Rituale, Bräuche, Traditionen und Orakel kennen, die mit den Rauhnächten verbunden sind. Bereite dich darauf vor, das kommende Jahr mit positiver Energie zu begrüßen und deine Wünsche wahr werden zu lassen.

Vorwort

Liebe Leserinnen und Leser,

ich bin überglücklich, Ihnen dieses Buch über die Rauhnächte präsentieren zu dürfen. Die Rauhnächte sind für mich eine ganz besondere Zeit des Jahres, in der ich mich mit meiner inneren Weisheit verbinde, meine Wünsche manifestiere und mich auf das kommende Jahr vorbereite.

Die Rauhnächte erstrecken sich über die Zeit zwischen dem 24. Dezember und dem 6. Januar - eine Zeit, in der die Schleier zwischen den Welten dünn sind und wir uns mit den spirituellen Kräften um uns herum verbinden können. In diesen Nächten spüre ich eine tiefe Verbundenheit zur Natur und zur Magie des Universums.

Dieses Buch ist mein Herzensprojekt, das ich mit Ihnen teilen möchte. Es enthält Anleitungen für verschiedene Rituale, um Ihre Wünsche zu formulieren, Ihre Intuition zu stärken und Ihre Verbindung zur spirituellen Welt zu vertiefen. Ich habe diese Rituale selbst praktiziert und sie haben mir geholfen, meine Träume zu verwirklichen und meine innere Stimme klarer zu hören.

Während der Rauhnächte lade ich Sie ein, sich Zeit für sich selbst zu nehmen und bewusst in die Stille einzutauchen. Lassen Sie los, was Sie nicht mehr brauchen, und öffnen Sie sich für neue Möglichkeiten. Seien Sie offen für Zeichen und Synchronizitäten, die Ihnen den Weg weisen, und vertrauen Sie darauf, dass das Universum Ihre Wünsche hört und unterstützt.

Ich wünsche Ihnen von Herzen eine magische und transformative Zeit während der Rauhnächte. Mögen Sie Ihre innere Kraft entdecken, um Ihre Träume zu verwirklichen und Ihr volles Potenzial zu entfalten. Nutzen Sie dieses Buch als Werkzeug, um Ihre Rituale zu gestalten und Ihre Wünsche zu manifestieren. Mögen die Rauhnächte Ihnen Klarheit, Inspiration und innere Führung bringen.
In Licht und Liebe,

Anette Kroll

Zum Jahreswechsel blicken wir gespannt in die Zukunft

Was mag uns das neue Jahr wohl bringen? Mit Sicherheit wird es jedem von uns eine Vielfalt an Erfahrungen schenken, die auf unseren persönlichen Entwicklungsstand abgestimmt sind. Auch die Intensität dieser Erfahrungen wird individuell auf unsere Verkraftbarkeit abgestimmt werden. Die Grundtendenz jener Erkenntnisse des kommenden Jahres können wir uns als „kosmische Zutaten" vorstellen, die für uns alle gleich sind. Wir sind es, die mit dieser unterschiedlich umgehen werden, je nachdem, wie wir mit ihr in Resonanz treten.

Die Tage und Nächte zwischen Weihnachten und den Heiligen Dreikönigen sind besondere Tage. Sie tragen eine magische Energie in sich und werden gerne als „Schwellenzeit" des Jahres bezeichnet. Der Schleier zur sogenannten „Anderswelt" wird an jenen Tagen dünner und wir können besser in die andere Welt eintauchen. Die natürlichen Kräfte des Universums und der himmlischen Welt reinigen, harmonisieren und stärken unser Energiepotential. Wenn wir verstehen, mit diesen Energien im Einklang zu sein, sie einzuladen und in unser Energiefeld zu integrieren, stimmen wir nicht nur unseren persönlichen Rhythmus auf den kosmischen Rhythmus der Erde ab, wir setzen außerdem Impulse für das ganze folgende Jahr in sämtlichen Lebensbereichen: Partnerschaft, Beruf, Spiritualität, deinem Lebensumfeld und darüber hinaus.

Ein kosmischer Tag, der sich am Mond orientiert, dauert „eigentlich" 23 Stunden und 56 Minuten. So ergibt sich zum Ende des Jahres hin eine Differenz von 11 Tagen bzw. 12 Nächten: die Rauhnächte. Ihnen wollen wir uns nun widmen und das alte Jahr Revue passieren lassen sowie das neue Jahr mit offenen Armen empfangen.

Die Kraft der Rauhnächte

Die Rauhnächte sollen uns daran erinnern, wieder dankbar für das zu sein, das wir im letzten Jahr erleben durften. Alle Erfahrungen, die wir machen durften, sind wichtig, denn durch sie konnten wir Neues erfahren. Die magischen Nächte tragen das Potenzial in sich, Dinge zu bereinigen und zu klären. Alles, was sich in den letzten 12 Monaten zugetragen hat, sollte nun Revue passiert werden. Was uns belastet und nicht mehr zu uns gehört, können wir durch Rituale loslassen und uns dadurch selbst reinigen. Alles, wofür wir dankbar waren, sollen wir nochmals in unser Herz lassen und mit ins neue Jahr nehmen.

Nehmen wir uns also kurz vor den Rauhnächten ein wenig Zeit und denken wir zurück an all die Dinge, die sich im vergangenen Jahr zugetragen haben:

Für welche Dinge sind wir dankbar?
Was konnte uns Freude bereiten und zum Lachen bringen?
Was hat uns zum Weinen gebracht?
Womit hatten wir zu kämpfen?
Welche Dinge wollen wir loslassen?
Welche Erinnerungen wollen wir in unserem Herzen belassen?

Alle Erlebnisse, Begegnungen, Prägungen usw., die du nicht ins neue Jahr mitnehmen möchtest, solltest du auf kleine Zettel schreiben. Auf diese Art und Weise reinigst du dich auf mentaler und energetischer Ebene. **Verbrenne die Zettel schlussendlich und fühle, wie das Feuer auch deine Seele reinigt.**

Die Zeit zwischen Weihnachten und Silvester ist außerdem jene Zeit, in der wir den Boden für Neues aufbereiten. Gibt es Dinge, die du noch klären musst? Dann ist nun der passende Zeitpunkt gekommen, um jene Dinge zu bereinigen und das Gespräch zu suchen. So gehst du vollkommen frei und unbelastet in das neue Jahr und stehst mit dir und deiner Umgebung wieder im Einklang.

An Silvester können wir eine bewusste Basis für das kommende Jahr schaffen. Es geht dabei um eine stabile Basis, in der wir das Glück und gute Vorsätze einladen, sich in unserem Leben zu verankern. Dies gelingt uns mit Glückwünschen und Glücksbringern unterschiedlicher Art. So solltest du daran denken, kleine Glücksbringer für deine Liebsten zu besorgen sowie für dich selbst.

Neujahr steht hingegen für den Neubeginn. Wir halten Vorausschau auf jene Dinge, die kommen sollen. Hast du schon einen Kalender für das neue Jahr besorgt? Wenn du möchtest, kannst du dir diesen auch selbst gestalten. Nutze dafür Bilder, Gedanken, Wünsche etc., die dich im kommenden Jahr begleiten sollen.

In den Tagen nach Neujahr bis zum Dreikönigstag gilt es nun die Kräfte zu mobilisieren und zu fokussieren, sodass sie dir im neuen Jahr zur Verfügung stehen können. Dazu laden wir uns den Schutz und Segen der himmlischen Welt ein. Auch diese Energie kannst du mithilfe schützender Gegenstände wie Glücksbringern verankern.

Die Rauhnächte und die Reinigung

Es ist eine alte Tradition, in den Rauhnächten mit Räucherwerk zu arbeiten. Damit das Neue, Platz hat, muss das Alte gehen dürfen. Manchmal ist es jedoch genau das, das uns Menschen sehr schwerfällt. Es fällt uns oft schwer, loszulassen und darauf zu vertrauen, dass das Universum uns stets auf den richtigen Weg führen wird.

Nutze die Tage bis zum 24. Dezember und reinige deinen Meditationsplatz, deinen persönlichen Raum, deine Wohnung oder dein Haus. Selbst der Weg, der von der Straße bis zu deiner Haustüre führt, kann gereinigt werden.

Durch Energiearbeit in den Rauhnächten schaffst du ein neues, positives Energiefeld, indem die Dinge neu beginnen können. Nutze dazu das Wissen und die Fähigkeiten, die in dir stecken.

Das Arbeiten mit sogenannten Aurasprays, die eine energetische Reinigung bieten können, ist empfehlenswert. Dadurch können wir uns auf eine höhere Schwingung begeben und den Energiekörper reinigen.

Reinigendes Räucherwerk ist:

- *Weihrauch: Reinigung, Schutz, spirituelle Verbindung*
- *Myrrhe: Reinigung, Heilung, Meditation*
- *Salbei: Reinigung, Klärung, Schutz*
- *Wacholder: Schutz vor negativen Energien, Reinigung*
- *Lavendel: Entspannung, Harmonie, Frieden*
- *Rosmarin: Klarheit, Konzentration, Schutz*
- *Dachenblut: Schutz, Reinigung, Stärkung*
- *Copal: Reinigung, spirituelle Verbindung*
- *Benzoe Siam: Harmonie, Liebe, Schutz*
- *Styrax: Heilung, Transformation, spirituelle Verbindung*
- *Olibanum (Weihrauch): Reinigung, Schutz, spirituelle Verbindung*

Reinigende Räuchermischungen:

Variante 1:

1 Teil Myrrhe,
1 Teil Weihrauch sowie
1 Teil Salbei.

Variante 2:
1 Teil Lavendel,
1 Teil Salbei und
1 Teil Beifuß.

Variante 3:
1 Teil Drachenblut,
2 Teile Weihrauch und
1 Teil Myrrhe.

Die Reinigung kann nicht nur von außen, sondern auch von innen erfolgen. Hierfür eignen sich Tees sowie reinigende Bäder.

Reinigendes Bad:

1 Tasse Natron,
1 Tasse Meersalz,
1 Teelöffel Weihrauch (gemahlen),
etwas Muskatnuss sowie
ein paar Tropfen ätherisches Lavendelöl.

Entspanne etwa 30 Minuten in dem warmen Badewasser und entzünde dir währenddessen ein paar Kerzen oder räuchere nebenbei.

Reinigender Tee:

*1 Teelöffel Lavendel (getrocknet),
etwas Weihrauchpulver,
1 Esslöffel Minze,
etwas Honig.*

*Tipp:
Die Reinigung ist besonders kraftvoll, wenn du sie an den drei Tage vor Weihnachten durchführst und dieses dazu sprichst:*

*Möge jetzt alles Dunkle, das uns nicht mehr dient,
aus den Räumen jetzt verschwinden.
Wir laden nun die Liebe und das Segenslicht ein.*

Möge der Raum in einem neuen frischen, leuchtenden Glanz

*erstrahlen und uns Frieden, Ruhe und Kraft schenken.
Danke.*

Das Licht wird neu geboren

Wenn es um die Rauhnächte geht, geht es auch stets um das Thema „Licht und Schatten". Wir alle tragen nicht nur das Licht, sondern auch unsere Schatten in uns. Lassen wir jene Dinge los, die uns nicht mehr dienlich sind und verwandeln wir unsere eigene Dunkelheit wieder in Licht:

Am *21. Dezember*, in der dunkelsten und längsten Nacht des Jahres, wird das Licht wiedergeboren.

Der *22. Dezember* steht für Stillstand und Einheit.

Der *23. Dezember* steht für Dualität und Fruchtbarkeit.

Der *24. Dezember* stellt die endgültige Wende dar: das strahlende Kind wird geboren.
In der Nacht vom *24. Dezember auf 25. Dezember* durchläuft die Sonne den tiefsten Punkt im Jahreslauf. Dann, wenn im Osten das Sternbild der Jungfrau emporsteigt, weiß man, dass die Sonne wieder aufwärts steigt und der Welt neues Licht schenkt.

Mutter Maria steht sinnbildlich für das weibliche Prinzip, Josef für das männliche, die Hirten für das offene Herz, die Engel für das Licht der Quelle. Die Heiligen Dreikönige, deren Huldigung im Stall zu Bethlehem am *6. Jänner erfolgt*, symbolisieren die Erkenntnis und den Aufbruch in die neue Zeit.

Als Vorbereitung für die Rauhnächte schenke dir daher jeden Tag, also am 21., 22. „bitte nicht stören" sowie *23. Dezember* jeweils eine kurze Zeit für dich und deine Reise in deine Innenwelt. Kreiere dafür in einem liebevollen Ritual für dich einen heiligen Raum der Ruhe. Stelle das Telefon ab, hänge ein Schild an die Türe, das sagt, lege sanfte Musik auf und beschenke deinen Geruchssinn mit einem angenehmen Duft deiner Wahl. Bete nun folgendes Gebet, um alles Alte aus dem vergangenen Jahr loszulassen und dir und anderen zu verzeihen:

Vergebung
Huna Gebet

Aloha
Göttlicher Schöpfer, Vater, Mutter und Kind in einem.
Wenn meine Familie, meine Verwandten oder meine Vorfahren
jemanden beleidigt, verletzt oder in unwürdiger Weise behandelt haben,
oder dessen Familie, dessen Verwandten oder dessen Vorfahren
in Worten, Verhalten oder Taten vom Anbeginn der Schöpfung
bis zum heutigen Tag,
dann bitten wir hiermit um Vergebung.
Lass dieses Gebet Reinigung und Auflösung sein
von allen schlechten Gefühlen, Erinnerungen,
Blockaden, Energien und Vibrationen
und verwandle all diese unerwünschten Energien in reines Licht.

So ist es und so soll es sein, heute und für immer.

Amama!

Stelle außerdem Kerzen vor deine Haustüre und setze somit das Symbol, dass die Sonne nun nach der längsten Nacht der Wintersonnenwende, wieder nach oben steigt und die Kraft des Lichts sichtbar ist.

Jahresabschlussbilanz – Reflexion des alten Jahres

Bei der Jahresabschlussbilanz geht es darum, das alte Jahr nochmals genau zu betrachten und sich ein paar Gedanken dazu zu machen. Überlege dir daher folgende Dinge:

Segenspunkte – Was hast du in diesem Jahr gut gemacht?
Wünsche, die in Erfüllung gegangen sind
Ziele, die du erreicht hast
Frieden, Gesundheit, Glück, Freude, Freundschaften…

Welche Projekte hast du begonnen, durchgezogen und abgeschlossen?
beruflich
privat

Was ist noch offen? Was nimmst du mit in das neue Jahr? Rechnungen
Gespräche
Versicherungen
Schulden
Fortbildungen
Ausbildungen
Abschlüsse...

Welche Lektionen gab es? Was hast du daraus gelernt?
Beispiele:
Aus dem Verrat an meinem Arbeitsplatz habe ich gelernt, für mich einzustehen.
Aus dem Konflikt mit meiner Schwester, habe ich gelernt, nicht mehr so viel zu versprechen...

Was ist noch offen? Was darf noch geklärt, abgeschlossen werden?
Steuererklärung
Vertragsregelung
Notartermine...

Was möchtest du im alten Jahr zurücklassen?
Gedanken- oder Verhaltensmuster
Süchte und Abhängigkeiten
Streitereien
toxische Beziehungen...

Welche Erkenntnisse haben dir deine Reisen im alten Jahr gebracht?
andere Kulturen
andere Werte
andere Vorstellungen
andere Lebensweisen...

Geburten:
Name und Datum
was dich besonders bewegt hat

Hochzeiten
Name und Datum
was dich besonders bewegt hat

Abschied & Tod:
Name und Datum
was dich besonders bewegt hat

Einstimmung in das neue Jahr

Bei diesem Punkt geht es darum, sich auf das kommende Jahr vorzubereiten. Stelle dir also folgende Fragen:

Dein neues Jahresmotto:
Erfahrung
Wachstum
Beitrag
gute Vorsätze
alles mit Humor sehen...

Geplante Projekte:
Beispiel:
Hausbau oder Umzug
neuer Arbeitsplatz
Selbstständigkeit
Ausbildungen...

Welche Samen möchtest du in den Rauhnächten für das neue Jahr säen?
Wünsche
Visionen
Vorstellungen
Träume...

Energiearbeit, um sich auf das neue Jahr vorzubereiten:

Der innere Garten
Begebe dich zu deiner Reise in den inneren Garten und bitte deine Geistführer, dich zu deiner Aufgabe im neuen Jahr zu führen. Bedanke dich bei ihnen dafür, dass sie dich so gut durch das alte Jahr gebracht haben. Öffne den heiligen Raum deines Herzens und bitte um Bilder und Kräfte und eine Vorschau auf das, was im neuen Jahr auf dich zukommt.

Trete in Kontakt mit dir selbst:

Stelle dir Musik an (schamanische Reisen, Delfin – oder Walklänge oder ruhige Meditationsmusik und begib dich in die Meditation. Sinke dabei aus dem denkenden Verstand in den Raum deines Herzens und lade deine Energien durch das bewusste Atmen auf. Öffne dein Herz dabei für die Liebe zu allen Lebensbereichen und gehe noch tiefer in deinen geistigen Raum.

Öffne all deine Sinne (Sehen, Hören, Schmecken, Riechen, Fühlen). Unternimm hierfür beispielsweise bewusste Spaziergänge und spüre den Weg unter den Füßen, achte auf die Geräusche in deiner Umgebung sowie jenen, in deinem „inneren Raum".

Liste für dein geistiges Team:
Spirits – Das geistige Team:

Du kannst auch die nachfolgende Liste vor dich legen, ein Licht entzünden, dich mit der höheren Ebene verbinden und schauen, welche Gedanken dir zuerst in den Sinn kommen, und diese schlussendlich festhalten:

Dein Name

Dein Krafttier
Welches Kraft- oder Helfertier ist in diesem Jahr wichtig?

Naturwesen und Elemente
Welche Naturkräfte sind besonders stark?
Welche Elemente sind vorherrschend?

Pflanzenmedizin
Welche Pflanzenverbündeten begleiten dich?

Engel
Welche Engel begleiten dich?

-Edelsteine
Welche Edelsteine sind von Bedeutung?

Heiler bzw. Heilerin
Welche Heilkräfte sind tätig? z.B. Engel, Reiki...

Symbole
Welche Symbole begleiten, schützen, stärken dich?

-Lehrer bzw. Lehrerin
Welche Geistführer begleiten dich?

Meister bzw. Meisterinnen
Welche Meister, welche Meisterin ist an deiner Seite?

Kraftsymbole und Kraftgegenstände
Welchen Gegenstand erhältst du von der geistigen Welt?

Kraftorte
Welche Orte, Plätze, Reisen sind für dich wichtig?

Segen, Geschenke, Visionen und Aufgaben:
Welche Gedanken kommen dir in den Sinn?

Motto des neuen Jahres:
Wie könnte dieses aussehen?

Sonstige Anmerkungen:
Was fällt dir noch ein?

Schritt für Schritt durch die Rauhnächte
Impulse für die 12 Rauhnächte

Jeder Tag der Rauhnächte steht repräsentativ für einen Monat des Jahres. Jede Rauhnacht bringt somit einen Samen, eingebettet in deine Kraft der Intention. Dadurch lenkst du deine Aufmerksamkeit auf bestimmte Vorhaben im kommenden Jahr.

Kleiner Ratschlag:
Rauhnächte sind Losnächte. „Los" kommt von „losen", „vorhersagen". Führe ein Tagebuch, notiere dir deine Gedanken und deine Träume. Schreibe nieder, was deine Intentionen waren, und führe das Buch im kommenden Jahr weiter. Dadurch wird dein Rauhnachtsbuch dein ganz persönliches Ereignisbuch für das nächste Jahr.

Für alle Rauhnächte hat sich grundsätzlich Folgendes bewährt:

Führe in dieser Zeit unbedingt ein Tagebuch.
Notiere dir deine Traumerinnerungen oder das Gefühl, das morgens beim Aufwachen in Erinnerung ist.
Ziehe jeden Morgen eine Karte aus deinem Lieblingsorakel.
Entzünde jeden Abend eine Kerze und lasse den Tag mit seinen Ereignissen vorbeiziehen.

Fragen, die du dir stellen kannst:

Wie war das Wetter?
Wie war die Stimmung?
Wer hat angerufen?
Welche Menschen hast du getroffen?

Welche Post hast du bekommen?
Was ist dir an diesem Tag widerfahren?
Was ist dir besonders aufgefallen?
Welche Zeichen, Tiere, Botschaften sind dir begegnet?

Achte auf alles, was dir auffällt, auch auf Kleinigkeiten.

Anleitung

Zunächst fühle dich völlig frei, deinen ganz persönlichen Zugang zu entdecken. Niemand kann ein besserer Fachmann bzw. eine bessere Fachfrau für dich sein als du selbst. Dennoch kannst du gerne folgender Empfehlung folgen:

Am einfachsten für dich ist bestimmt, wenn du eine fixe Zeit des Tages für dich reservierst. Auch wenn die Zeit um Weihnachten und die Feiertage intensiv sein kann, weil deine Familie zu Hause ist, alle den Urlaub und die Ferien genießen und es sich für dich turbulent darstellen kann, sei es dir wert, weil du die wichtigste Person in deinem Leben bist. Sei es dir deine Zeit wert, die du dir für dich selbst nimmst. Erfahrungsgemäß unterstützt es, wenn es stets derselbe Zeitpunkt ist. Aufgrund der Konzeption der Zusammenstellung ist der Tagesbeginn, also der Morgen oder der Vormittag, besonders zu empfehlen.

Die Einstimmung zur Rauhnacht ist morgens eine sehr gute Idee. Lege dir hierfür Musik auf, die du gerne hast, entzünde eine Kerze und lege dir eventuell sogar deine Lieblingsorakelkarten zurecht. Auch das passende Räucherwerk deiner Wahl oder spezielle Düfte, die du gerne hast, können hilfreich sein, um ein ganz besonderes Umfeld der Entspannung zu kreieren.

Hole nun dein Rauhnachtstagebuch zur Hand und lege es vor dich hin. Gehe in die Meditation und stelle dir die Fragen zu dem jeweiligen Monat, für den die entsprechende Rauhnacht steht. Notiere dir nun alles in das Tagebuch, das dir in den Sinn kommt.

Vielleicht möchtest du dir auch ein paar persönliche Affirmationen für das besagte Monat oder den Tag aufschreiben? Deiner Fantasie wird dabei keine Grenze gesetzt. Gestalte dir den Monat genau so, wie du es gerne hättest. Auch Runen, Heilsteine, Kristalle, Düfte, Klänge, Federn, Krafttiere etc. können dazu genommen werden.

Schreibe dir nun am Heiligen Abend deine „13. Wünsche" auf 13 kleine Zetteln auf. Falte diese und lege sie in eine Dose, Schale, Päckchen etc. Was auch immer dir gefällt ist in Ordnung. Ziehe nun in jeder einzelnen Rauhnacht einen Zettel und übergib deinen Wunsch dem Universum, indem du den Zettel verbrennst. Achte bitte darauf, dass der Zettel vollständig verbrannt ist. Der letzte Wunsch, der übrig bleibt, dafür bist du selbst zuständig.

1. Rauhnacht

25. Dezember
1. Weihnachtsfeiertag
steht für den Monat: Januar
Namenstag: Anastasia – Der Name Anastasia bedeutet
>die Auferstehende<.
erhebe dich aus der Dunkelheit in das Licht.
Thema: Basis – Grundlage

In dieser Rauhnacht geht es um das Thema „Reinigung". Greife zu reinigendem Räucherwerk wie Weihrauch, Salbei, Kampfer oder Drachenblut und reinige damit alle Räume deiner Wohnung oder deines Hauses. Doch auch deine Innenwelt öffnet sich durch das Räuchern und du kannst Dinge besser loslassen. Platz für Neues entsteht.

Die heutige Rauhnacht korrespondiert mit dem ersten Monat des neuen Jahres,

also

der Januar. Kreiere einen ganz besonderen Raum für dich, entzünde eine Kerze, sorge dafür dass du einige Zeit alleine bist und schenke deiner Nase einen Duft deiner Wahl.

Heute ist Weihnachten. Es ist eine heilige Zeit. Du hast bestimmt Musik mit wunderbaren Klängen zu Hause, die dich jetzt einhüllen darf.
Nimm dein Notizbuch zur Hand und schließe kurz deine Augen und öffne deine Tore zur Innenwelt. Bitte um Bilder und Antworten auf die Fragen, die du nun lesen wirst:

Welchen „unvollendeten Werke" in deinem Leben möchten nun Realität werden und zum Abschluss kommen?

Gibt es einen besonderen Tag in diesem Zeitraum?
Vielleicht ist da ein bestimmtes Datum, oder du lässt dich intuitiv führen. Notiere ihn dir.

Mit welchen Qualitäten, mit welchen Kräften möchtest du schon heute diesen Tag, diesen Zeitraum unterstützen? Notiere dies in deinem Buch.

Betrachte deine Basis. Schau dir dabei deine irdischen Wurzeln, deine Familie an. Auf welchem Fundament stehen diese? Segne und ehre deine Wurzeln. Schaue in dich hinein, was du bzw. sie benötigen, um Heilung zu finden.

Lasse das Wort „Vorwärtskommen" in dir erklingen. Erhältst du dazu eine Antwort, vielleicht in Form eines Gedankens oder eines Bildes? Wenn ja, notiere es dir.

Alte Gewohnheiten aufgeben, Ziele planen, Geheimnisse ergründen, Traditionen leben, Schutz herbeisehnen, Demut üben und Beständigkeit leben sind ebenfalls Stichworte, zu denen du dir Gedanken in jener Rauhnacht machen solltest. Notiere dir alle Gedanken, Impulse, Ideen, Bilder, die du zu diesem Worten erhältst. Allesamt sind sie Einladungen. Gerade im ersten Monat des neuen Jahres werden dich die kosmischen Energien dabei unterstützen, diese Impulse in dein Leben zu integrieren und umzusetzen.

Mache heute außerdem auch der Natur ein Geschenk. Das können Körner für die Vögel, Wasser, Milch, Räucherstäbchen, Brot oder ähnliches sein. Lege das Geschenk mit guten Wünschen in deinem Herzen an die Wurzeln eines Baumes. Lasse ein Nachtlicht für die Ahnen brennen, die vor dir da waren und ihren Weg geebnet haben.

Vergiss heute nicht deinen ersten Wunsch zu verbrennen!

2. Rauhnacht
26. Dezember
2. Weihnachtstag
steht für den Monat: Februar
Namenstag Stephan –
Dieser Tag ist ebenfalls dem heiligen Joseph gewidmet, dem liebevoll, göttlichen väterlichen Prinzip.
Thema: Verbindung zum Höheren Selbst –
Innere Führung

Auch diese Rauhnacht steht unter dem Aspekt des Loslassens, Reinigens und Beendens. Wenn du möchtest, kannst du auch heute deine Wohnung bzw. dein Haus durch eine Räucherung reinigen.

Dieser Feiertag ist der Anbindung an deine eigene höhere Natur gewidmet. Daher ist es heute an der Zeit, sich mit deinem höheren Selbst zu verbinden, Du hast einen eigenen Anschluss an die Quelle. Du bist behütet von den Engeln und anderen lichtvollen Kräften, die dich tragen und begleiten.
Nimm dir heute eine gewisse Zeit um dich bewusst mit der Quelle in deinem Inneren zu verbinden und deine geistiges Zuhause zu besuchen. Hier erfährst du, was für dich in der kommenden Zeit wichtig ist, welche Kräfte und Seelenführer dich begleiten werden. Meditiere und lausche deiner eigenen Stimme. Es gibt viele Wege, sich mit der geistigen Welt zu verbinden, wie beispielsweise die Astrologie, Orakel, innere Reisen, Meditationen oder Stilleübungen.

Fragen für die heutige Rauhnacht:
Was begleitet dich in das neue Jahr?
Welche Meister/Meisterinnen sind in dir?
Welche Erzengel/Engel sind an seiner Seite?

Welches Symbol ist im kommenden Jahr wichtig?
Welches Tier begleitet dich?
Welcher Baum gibt dir Kraft?
Welche Pflanzenhelfer ist bei dir?
Welcher Edelstein tut dir gut im neuen Jahr?
Welches Element ist bestimmend?
Was gibt es noch zu lösen? - oder zu erlösen?
Was sind deine Ziele im neuen Jahr?
Mit welchen Menschen möchtest du Kontakt haben im neuen Jahr?
Richte dir eine Ecke oder einen besonderen Ort in deinem Zuhause mit diesen Kräften ein. Sei kreativ und bastle beispielsweise eine Kollage, die dich im neuen Jahr daran erinnern soll, dass du geschützt und gesegnet bist.
Erlaube dir deine Wünsche wahr werden zu lassen!

Kleine Übung zur Stärkung der inneren Stimme

Worauf suchst du eine Antwort? Welche Fragen brennen in deiner Seele? Nimm dir etwas Zeit. Konzentriere dich auf dein Höheres Selbst. Bitte darum, dass du deine innere Stimme immer deutlicher wahrnehmen kannst. Stelle nun deine Fragen. Werde ganz still, und lausche für mindestens 5 Minute in dich hinein. Notiere dir, was du empfangen hast. Die innere Stimme ist ausnahmslos liebevoll und hilft dir, den besten Weg für dich und deine Lieben zu finden.

Vergiss nicht deinen zweiten Wunsch zu verbrennen!

3. Rauhnacht
27. Dezember
Monat: März
Namenstag: Johannes – Gottes Gnade
Thema: Lasse Wunder in deinem Leben zu -
Herzöffnung

Die Feiertage sind nun vorbei, und wir beginnen wieder, unseren Tätigkeiten nachzugehen. Dieser Tag steht für den Monat März. März ist der Monat, in der die Natur sich zum Durchbruch bereit macht und sich erneuert.
Johannes als engster Vertrauter und Freund Jesus steht für die Liebe, Fürsorge und Begleitung, die jeder auf seinem Weg auf die eine oder andere Weise erfährt. An diesem Tag kann man sich der Herzenergie widmen.

Es geht um die Fragen:

Wer war für dich da, als es dir nicht gut ging?
Wer hat dich durch die guten und schweren Zeiten deines Lebens begleitet? Wer hat dir in diesem Jahr Hilfestellung gegeben, gute Anregungen, Liebe, Freude und Glück gebracht?
Wem hast du die Hand gereicht, deine Liebe und deine Freundschaft geschenkt?
Wer oder was hat dich deine Energie gekostet?
Was ist in Balance und was nicht?
Welche Freundschaftsbande möchtest du stärken, welche etwas lockern, weil sich vielleicht die Wege geändert haben?

Öffne dein Herz immer und immer wieder, es ist dein höchstes Gut. Bereinige alle alten Angelegenheiten, indem du vergibst und loslässt. Öffne dich für neue Erfahrungen der Freundschaft, des Vertrauens und der Liebe. Atme das Licht in dein

Herz und stelle dir vor, wie es sich wieder wie eine Rose weitet und öffnet und bedingungslose Liebe in dich hineinströmt. Liebe beginnt mit der Liebe für unser wahres Wesen. Sobald wir über uns schlecht denken, zieht sich unser wahres Wesen zurück und verursacht Schmerz. Erkennen wir das Licht in uns an, so beginnt es, aus unserem Herzen zu strahlen und zu leuchten. Wir können eine neue Vision der Liebe und des Miteinanders erschaffen und Wunder im Leben erfahren, wenn wir die Liebe in uns und damit die Liebe zu anderen zulassen.

Geistige Wunschliste

Heute ist der Tag, an dem Wünsche und Ziele für das neue Jahr formuliert werden können. Wünsche und tiefe innere Leidenschaften sind Hinweise auf unsere Lebensbestimmung. Das Göttliche ist Liebe und Freude, und alles, was Liebe und Freude in uns weckt und das innere Feuer entfacht, ist ein Wegweiser. Es geht nicht darum, äußeren, vergänglichen Dingen hinterherzujagen, sondern ganz bewusst den Sinn des eigenen Lebens zu erkennen und den Plan, den man für sein Leben mit auf diese Welt gebracht hat, zu entfalten. Es geht darum, tief in sein Herz zu hören und die Wünsche und Ziele zu erfühlen, die wirklich im Herzen wohnen und aus der Seele aufsteigen.

Stelle dir also die Fragen:

Was machst du am liebsten?
Was bringt dein Herz zum Leuchten?
Wobei empfindest du Erfüllung und tiefe Freude?

Nimm dir Zeit, eine Wunsch-Collage für das neue Jahr zu erstellen. Zünde für jeden Wunsch ein Licht an, und übergebe es an das Universum.

Vergiss nicht deinen dritten Wunsch zu verbrennen

4. Rauhnacht
28. Dezember
Tag der unschuldigen Kinder
Tag der Heilgen
Monat: April
Thema: Umwandlung und Bereinigung

In der Heilgen Schrift ist überliefert, dass König Herodes den Mord an allen Kleinkindern im Land veranlasste, weil er im neugeborenen Sohn Gottes einen Rivalen sah und diesen vernichten wollte. Viele unschuldigen Kinder mussten in diesen Tagen ihr Leben lassen. Symbolisch steht dieses Ereignis am heutigen Tag für das Alte, das versucht, das Neue und Zukünftige zu unterdrücken oder gar zu vernichten.

Am heutigen Tag der unschuldigen Kinder ist es Brauch, Dinge, die in den vorhergehenden Rauhnächten nicht so gut gelaufen sind, zu bereinigen und damit die Schicksalsweichen für das kommende Jahr wieder positiv zu stellen.

Schreibe dir all die Dinge, wie beispielsweise Alpträume, Streit, Unwetter oder ungute Nachrichten auf. Formuliere dann alles Negative auf einem Blatt Papier ins Positive um, sodass du mit diesem perfekten „Drehbuch" für das neue Jahr vollkommen zufrieden bist. Verbrenne anschließend den ersten negativen Text.

Umwandlung negativer Ereignisse:

Hier eine kleine Übung zur energetischen Auflösung unguter Szenen der vergangenen drei Tage:

1. Rufe dir die negativen Ereignisse noch einmal so gut wie möglich in Erinnerung.

2. Stelle dir vor, wie die violette Flamme der Reinigung lodert und um diese Ereignisse herum zu leuchten beginnt. Beobachte vor deinem geistigen Auge, wie sich diese unguten Ereignisse auflösen und sich in positive, freudvolle, strahlende Bilder verwandeln. Fühle sie so intensiv wie möglich. Die Freude und die Dankbarkeit über die Wandlung, die geschehen ist.

3. Halte die Vision der neuen Bilder, tauche in kristallin-weißes Licht. Stelle dir vor, wie der Segen von oben herabfließt und die neue Vision segnet.

4. Lasse nun los und sei dir gewiss, dass Gnade geschehen ist.

Vielleicht gibt es eine Heilige oder einen Heiligen, den du sehr magst und der dich schon länger begleitet? Dies kann beispielsweise auch dein Namenspatron sein. Stelle heute für diesen Heiligen ein Licht auf, um so die Bindung zu ihm noch mehr zu stärken und damit den göttlichen Teil in dir selbst zum Leuchten zu bringen. In der Meditation kannst du in Kontakt mit deinem Heiligen treten und fühlen, was du oder er dir rät oder welche Botschaft er für dich hat. Vielleicht erscheint auch ein anderer Heiliger, der dich durch das Jahr führen will.

Vergiss nicht deinen vierten Wunsch zu verbrennen!

5. Rauhnacht
29. Dezember
Namenstag: Thomas
Monat: Mai
Thema: Tag der Freundschaften

Heute ist der Tag, um sich dem Thema Freundschaften zu widmen. Thomas bedeutet
„Zwilling" – es geht also um den Seelenzwilling. Bist du dein bester Freund, deine beste Freundin? Vergibst du dir zuerst dir selbst und bist du gut zu dir? Nimm dir nun eine wenig Zeit, um Freundschaften, die du in deinem Leben aufgebaut hast, zu betrachten und zu ehren.

Vielleicht gibt es tiefe Freundschaften, die zerbrochen sind. Schaue was es braucht, damit es in der Seele Lösung, Heilung und Frieden findet. Bereinige das innere Feld, sodass neue Freundschaften und tiefe neue Erfahrungen der Liebe im neuen Jahr für dich möglich werden.

Wo hast du dir selbst nicht vergeben? Schau noch einmal auf das Jahr zurück, und erkenne deine Leistungen, Siege, Beiträge, Fehlschläge, deine Höhen und Tiefen und das, was du richtig und gut gemacht hast. Sage „JA" zu dir selbst. Versuche, dich mindestens fünf Minuten in einem positiven guten Licht zu sehen. Liebe zu sich selbst löst Liebe zu anderen aus.

Hier eine kleine Bereinigungsübung:

1.Stelle dir die liegende Acht vor.

2.Zwei Sonnenstrahlen aus der Quelle berühren jeweils einen Kreis. Du stehst in dem einen Kreis, deine Freundin/Freund in dem anderen.

3.Mache dir nun alle Verbindungen bewusst, die sich im Laufe der Zeit gebildet haben.

4.Die Herzverbindung ist immer da. Sie ist unantastbar.

5.Bitte nun Erzengel Michael oder einen anderen Engel, die unguten Verbindungen zwischen dir und deinem Gegenüber sanft zu lösen.

6.Überreiche deinem Gegenüber auf geistiger Ebene ein Geschenk, und schaue, welches Geschenk du von deinem Gegenüber aus seinem höchsten Licht erhältst.

7.Bedanke dich für die Liebe und die Verbindung, die immer noch vorhanden ist.

8.Wenn alles gelöst und bereinigt ist, stelle dir vor, wie sich die Acht in der Mitte teilt. Es entstehen zwei Kreise mit einer jeweils eigenen Anbindung an die Quelle.

9.Die Kreise beginnen zu schwingen und finden einen guten und gesunden Abstand zueinander, der Achtung und Respekt miteinschließt. Es fühlt sich leicht und wohl an. Sei dir bewusst, dass alles zu einem guten Ende kommen wird. Lasse deine Freunde wissen, dass du sie schätzt und achtest. Dies kann durch einen Brief, einen Anruf oder eine liebe Geste geschehen
.

Vergiss nicht deinen fünften Wunsch zu verbrennen!

6. Rauhnacht

30. Dezember
Festtag der heiligen Familie
Monat: Juni
Thema: Bereinigung

Lasse los, schaue voll Zuversicht nach vorne. Erwarte das Beste! Schaue dir an, was du im alten Jahr zurücklassen möchtest. Nimm dir Zeit, und reflektiere das alte Jahr. Dadurch bereitest du dir den Übergang in das neue Jahr vor.

Heute ist ein guter Tag, um sich mit der Familie zu verbinden. Bitte den Engel deiner Mutter zu dir. Forme deine Hand zu einer Schale, und lasse dir ein Geschenk geben. Was will deine Mutter dir von ihrer höchsten Ebene aus mitgeben? Nimm dieses Geschenk in Dankbarkeit an.

Bitte den Engel deines Vaters zu dir. Forme deine Hand wieder zu einer Schale, und lasse dir ein Geschenk geben. Was will dir dein Vater dir von seiner höchsten Ebne aus mitgeben? Nimm auch dieses Geschenk in Dankbarkeit an.

Wenn du einen Partner/Partnerin hast, dann bitte nun den Engel davon zu dir. Was will dir dein Partner/Partnerin schenken? Nimm auch dieses Geschenk in Dankbarkeit an. Wende dich nun deinem Partner/in zu, und bitte deinen Engel, deinem Partner/in auf der geistigen Ebene ein Geschenk zu überreichen. Überlege dir, was du deinem Partner/in gerne schenken würdest. Wenn du Kinder hast, schaue, was deine Engel dir und deinen Kindern geben und sende ihnen auf der geistigen Ebene das, was du ihnen schenken möchtest. Bedanke dich, und sei dir gewiss, dass alles getan ist. Segne deine Familie, und gehe deinen Weg in Frieden und Einklang mit deiner Seele.

Kleine Meditationsreise

Begib dich an einem geschützten Ort in deinem Inneren.
Triff dich mit dem Geist des alten Jahres, und lasse dir zeigen, welche Dinge nicht so gut gelaufen sind und was du wirklich im alten Jahr zurücklassen möchtest. Lasse alles zu dir kommen, was Heilung braucht und losgelassen werden will.

Was gibt es noch zu vergeben? Was braucht noch einen Segen oder einen Abschluss? Was ist beendet? Was willst du auf keinen Fall mehr mit dir herumschleppen? Was hast du aus den Begebenheiten gelernt? Wozu hat diese Sache gedient?

Fühle auch Dankbarkeit für die Herausforderungen in deinem Leben. Bitte deine Engel und Schutzkräfte um Unterstützung, um bestimmte Angelegenheiten wirklich loszulassen und Platz für Neues schaffen zu können. Schreibe all deine Gedanken und Gefühle auf Zettel und verbrenne sie mit etwas Weihrauch oder Salbei. So wie es in Flammen vergeht, darf es in deiner Seele vergehen.

Räume deinen Wohnraum auf, räuchere, trenne dich von allem, was zerbrochen ist und dir nicht mehr dient. Triff heute Vorbereitungen für den Jahreswechsel.

Vergiss nicht deinen sechsten Wunsch zu verbrennen!

7. Rauhnacht

31. Dezember, Silvester
Monat: Juli
Namenstag: Silvester
Thema: Vorbereitung auf das Kommende

Jeder Übergang eröffnet neue Möglichkeiten, Dinge zu verändern, sie neu zu formen oder sie anders zu gestalten. Bereite dich auf den heutigen Abend vor, indem du ein Bad nimmst, um alles Alte abzuwaschen und zurückzulassen. Träume dabei deine Vision vom neuen Jahr.

Schließe mit dem Alten ab und heiße das Neue willkommen. Es reicht die erklärte Absicht, dass alles, was in deinem Leben noch unabgeschlossen ist, nicht mehr länger Teil deiner Erkenntnis und Wahrnehmung ist. Lasse es los. In dir wirken schöpferische Kräfte, du darfst Altes verwerfen und neue Pläne schmieden. Es ist okay, alte Muster einfach loszulassen, damit sie erledigt sind. Sie dienen dir jetzt nicht mehr.

Absichtserklärung:
„Hiermit erkläre ich, dass ... (das, was du loslassen möchtest) nicht mehr länger Teil meines Erkenntniswegs ist. Ich verwerfe das alte Muster, es hat keine Gültigkeit mehr für mich. Ich lasse den goldenen Regen des Segens aus den höchsten Ebenen in das neue Jahr hineinströmen. DANKE!"

Vielleicht fallen dir bei deinen Silvestervorbereitungen Dinge auf, die du nicht mehr brauchst oder die dir nicht mehr dienen. Gib sie weg. Verschenke sie, lasse sie auf deine Weise los. Vielleicht gibt es Symbole, Dinge, die dir viel bedeuten, gib ihnen einen Ehrenplatz. Wenn es ein Schmuckstück oder ein Kleidungsstück ist, so trage es. Bringe im Übergang das neugeborene Leben zum Ausdruck, das fortan deinen Lebensweg bestimmt.

Torweg – der Übergang von einer vergangenen Zeit zu einer neu beginnenden Zeit
Heute trittst du über eine Schwelle. Du gehst einen Torweg vom vergangenen Jahr
in ein neues Jahr. Gehe bewusst über diese Schwelle. Guten Rutsch!

Vorbereitungen auf Silvester:

Räuchern von Haus und Hof.

Rote Unterwäsche zu tragen, verheißt glückliche Liebesstunden.

Der Teller sollte leer gegessen werden, weil dies Geldsegen im neuen Jahr bringen soll.

Orakeln – Blei gießen, Runen ziehen, Karten ziehen.

Man sollte heute gute Vorsätze für das neue Jahr fassen und darauf achten, was sich im alten Jahr erfüllt hat und was nicht.

Vom Silvesteressen sollte bis Neujahr etwas übrig bleiben, weil das verheißt, dass man im neuen Jahr genug zu essen hat.

Typische Silvesterspeisen: Sauerkraut, Erbsen bzw. Erbsensuppe/Linsensuppe stehen für Reichtum und Wohlstand. Schweinefleisch steht für Glück (man wird „Schwein haben"), Fisch steht für Vorwärtskommen. Geflügel bedeutet, dass einem das Glück davonfliegen wird.

Es ist günstig mit den Naturwesen zu teilen. Man bringt einen kleinen Teller davon hinaus und stellt ihn an die Wurzeln eines Obstbaumes, damit die Fülle ins neue Jahr einziehen kann.

Um Mitternacht wurden früher lärmende Umzüge veranstaltet, um das Alte zu vertreiben. Heutzutage gibt es weltweit große Feuerwerke zu Silvester, mit denen die Freude über das beginnende neue Jahr zum Ausdruck gebracht werden soll.

Man zählt den Countdown, lässt die Sektkorken knallen, stößt auf das neue Jahr an und wünscht sich gegenseitig alles Gute und viel Segen im neuen Jahr.

Oft wird an Silvester orakelt. In gemeinsamer Runde schaut man in die Karten oder gießt Blei und hilft sich gegenseitig dabei, die gegossenen Figuren zu deuten.

Man sagt dass, Träume, die man in der Silvesternacht träumt, in Erfüllung gehen.

Vergiss nicht deinen siebenten Wunsch zu verbrennen!

8. Rauhnacht

1. Januar Neujahrstag,
Monat: August
Thema: Geburt des neuen Jahres

„Viel Glück und viel Segen auf all deinen Wegen. Wie das Neujahr beginnt, so wird das ganze Jahr."

An Neujahr trifft man sich oft mit Freunden, wünscht sich Glück, verschenkt Glückssymbole wie Schweinchen, Glücksklee, Glückspfennige oder Glückskäfer. Sende daher heute aus ganzem Herzen an alle deine Lieben gute Segens- und Glückwünsche aus.

Du kannst das neue Jahr segnen, indem du Blumen oder Lichter an die Bäume

stellst
oder ins Wasser gibst. Du kannst auch jemanden besonders glücklich machen, indem du ihm eine Segenskette aus Blumen oder Muscheln schenkst.

Bräuche zum Neujahrstag:

In manchen Regionen wird am Neujahrstag alles mit gesegnetem Weihrauch ausgeräuchert.

Wäsche sollte nicht zum Trocknen aufgehängt werden, weil dies Unglück bei der Arbeit und im Haus bringen kann.

Wer zu Jahreswende gut isst, muss das ganze Jahr keinen Hunger leiden. (Lade heute Familie und gute Freunde ein).

Typisches Neujahrsgerichte sind Linsensuppe oder Sauerkraut mit Würstchen. Die

Portion sollte ganz aufgegessen werden, damit das Kleingeld im neuen Jahr nicht ausgeht.

Auch Neujahrskarpfen und Fischsuppe sind üblich. Eine Fischschuppe wird unter den Teller gelegt. Anschließend soll diese in der Geldbörse getragen werden, was einen vollen Geldbeutel im neuen Jahr sichern soll.

Heiratswillige Frauen stellen sich vor ihr Haus und werfen ihren Pantoffel über die linke Schulter. Weist dieser mit der Spitze vom Haus weg, so wird sie im kommenden Jahr heiraten.

Um die Gesundheit zu fördern, springt am mancherorts mit Kleidern in einen Kalten Bach.

Schornsteinfeger und Müllmänner bringen Glück. Man sollte ihnen die Hand schütteln.

Hufeisen werden aufgehängt, um Haus und Hof zu schützen und das Glück einzuladen.

Vergiss nicht deinen achten Wunsch zu verbrennen!

9. Rauhnacht
2. Januar
Monat: September
Namenstag: Kenaz – hl. Katharina – Casper
Thema: Gold, Segenslicht

Die ersten Tage in diesem Jahr kannst du dazu nutzen, indem du neue Energie aufbaust. Du hast in den Tagen im alten Jahr beendet, gereinigt, losgelassen. Da ist nun Platz frei geworden für das Neue, lade Kräfte dafür ein. Vielleicht magst du auch heute wieder räuchern und den Rauch durch deine Wohnung ziehen lassen. Alle Sorten von Weihrauch aktivieren die Kräfte für das Neue.

Das Licht hat sich verkörpert. Es ist perfekt und vollkommen. Wir alle sind Lichtträger und Lichtträgerinnen. Licht erstrahlt in jedem Atom und in jeder Zelle. Es ist nun an der Zeit, sich auf die eigene Mitte zu besinnen und sich auszurichten. In der Mitte ist Ruhe, Stille, Frieden, und daraus erwächst die Kraft. Verbinde dich mit dem goldenen Kern in deinem Inneren.

Segne heute alles, was zu deinem Leben gehört: Vergangenheit, Gegenwart und Zukunft. Segne alles, womit du sichtbar und unsichtbar verbunden bist.
Segnen ist eine der heilsamsten Handlungen, die wir ausführen können, um die Energie in die göttliche Matrix zurückzuwandern.

Weihrauch unterstützt die goldenen Absichten, die Energie zu reinigen und Licht einströmen zu lassen. Nimm dir heute Zeit, zu segnen, den Segen in deinem Leben zu sehen und Segen zu verstärken. Sodass das Licht auf heilsame Weise einströmen kann.

Wissenswertes:
Heute ist zudem der Tag der Rune Kenaz, die „Fackel" oder „Licht" und im übertragen Sinne „Wissen und Weisheit" bedeutet.

Wilbeth – Katharina (die Reine, Aufrichtige) steht mit ihrem Symbol, dem Rad, dafür, dass man durch den Glauben das Schicksal verändern und Erlösung finden kann.

Casper bedeutet in der persischen Sprache „Schatzmeister", der das Gold bringt. Gold steht symbolisch für die Vollkommenheit der Seele. Es befindet sich in der Mitte des Schicksalrades.

Segnungen für das neue Jahr

1. Entzünde ein Licht für das neue Jahr.

2. Halte einen Moment inne, werde still, und verbinde dich mit dem goldenen Licht, deiner unsterblichen Natur. Bitte um den Segen für dein Leben und das neue Jahr.

3. Lade das Gold in dein Leben ein.

4. Segne das neue Jahr, indem du dir vorstellst, wie goldenes Licht über dein Scheitel-Chakra in dein Herz und von dort in deine Hände fließt.

5. Nun stelle dir die nächsten 12 Monate vor, und sende den Segen – eingehüllt in einen goldenen Segensstrom – in jeden einzelnen Monat des neuen Jahres.

6. Stelle dir ganz genau vor, wie du den Segen voraussendest.

7. Achte dabei auf deine Empfindungen und auf den Energiefluss.

8. Notiere dir, wie es dir mit den einzelnen Monaten ergangen ist.

Vergiss nicht deinen neunten Wunsch zu verbrennen!

43

10. Rauhnacht
3. Januar
Monat: Oktober
Namenstag: Ehwaz – Ambeth-Margarethe - Melchior
Thema: Weihrauch, Visionen, Eingebungen, Verbindung mit dem Göttlichen, Kessel der Fülle, Spirale des Lichtes

Wenn wir unseren Weg gehen, können wir aus einer unermesslichen Quelle von Möglichkeiten schöpfen. Wir haben die Option, auf diese oder jene Weise zu handeln, können uns für diese oder jene Weise zu handeln, können uns für diesen oder jenen Weg entscheiden, diese oder andere Worte sprechen.
Weihrauch symbolisiert die Heiligkeit im Inneren eines jeden Menschen. Das „Lebensgold", das uns für eine gewisse Zeit zur Verfügung steht, wird von einem festen Zustand mithilfe des Feuers zu Rauch, der in den Himmel steigt – so wie jede Lebenstat vorübergeht und als Erinnerung in Licht geschrieben bleibt.

Heute geht es darum, sich Folgendes bewusst zu machen:

Wie nutzt du deine Gedanken, deine Vorstellungsgaben, deine Ausdruckskraft in Wort und Tat?

Wofür verwendest du deine Lebensenergie?

Wie handelst du mit deiner Lebensenergie, die dir für diese Zeit hier auf der Erde zur Verfügung steht, und wie teilst du sie ein?
Womit verbringst du die meiste Zeit?

Welche Situation soll sich wandeln und verbessern?

Die Vergangenheit liegt hinter uns, der gegenwärtige Augenblick ist jetzt, die Zukunft ist noch nicht da. Jeder Tag bietet eine neue Gelegenheit, sich auszurichten, um neue und bereichernde Erfahrungen zu machen. Schaue in deine Zukunft.

Du kannst jetzt im Geiste damit beginnen, deine Lebenssituation zu verbessern. Erschaffe dir eine Vorstellung von dem, was du in deinem Leben, in diesem Lebensjahr, verändern möchtest, und überlege dir, was du dazu beitragen kannst, dass sich bestimmte Lebenssituationen verändern bzw. verbessern. Jede Veränderung beginnt zunächst in dir selbst.

Meditiere über den Satz:
„Das einzige Beständige ist der Wandel".

Energie bewegt sich in Wellen. Setze die Welle in Gang, die du in deinem Leben surfen willst. Wenn eine Welle in Gang gesetzt wird, bewegt sich die Energie von selbst.

Der Ozean ist das Bewusstsein der Fülle. Bewege dich in das Feld der Informationen. Setze die Wellen der Energie für dein Leben frei! Wenn nicht du, wer dann? Wenn nicht jetzt, wann dann? Beginne mit der Umsetzung deiner Wünsche. Was ist dein größter Wunsch? Lenke die Energie darauf.

Ich habe den Wunsch (Impuls des Lichtes), zu ...
Ich habe die Kraft (Fähigkeit), zu ...
Ich habe das Recht (Ich verdiene), zu ...
Ich habe den Willen (Ich bin entschlossen), zu ...
Ich habe die Liebe (Segen), zu ...

Ich bin verbunden mit dem Feld der Liebe und gleiche alles mit dem Gesamten ab, sodass es im Einklang mit allem Leben geschieht. Auf dieser Weise verstärke sich die Wellen des Lichtes. Denn ich bin ewig.

Wissenswertes:

Die Rune Ehwaz steht für das „M" und damit für Bewegung, Entwicklung und Fortschritt.

Ambeth-Margarethe symbolisiert die Leben gebärende Mutter. Sie ist voller Liebe, Licht und Gutem. Ihr ist die Spirale des Lebens und der Kessel der Fülle zugeordnet.

Melchior ist der Weise aus dem Morgenland, der den Weihrauch zur Krippe bringt.

Vergiss nicht deinen zehnten Wunsch zu verbrennen!

11. Rauhnacht

4. Januar
Monat: November
Namenstag: Berkana – Borbeth – Barbara – Balthasar
Thema: Loslassen, Abschied nehmen, Beschäftigung mit dem Tod, Was verabschiede ich jetzt endgültig?

Wenn wir in unsere Mitte kommen, sind wir in der Lage, unser Leben neu zu ordnen und unsere Energie neu einzuteilen. Wir können viel bewegen, wenn wir aus der inneren Anbindung heraus handeln. Viele Menschen haben zu allen Zeiten ihre unsterbliche Energie hier in dieser Ebene verankert. Man beschäftigt sich heute noch mit ihren Schriften, Lebensverläufen und Erkenntnissen.

Wenn wir uns mit dem Tod beschäftigen oder ihn miterleben, so erfahren wir, dass unser Dasein hier auf Erden zeitlich begrenzt ist. Dies führt uns zu den Fragen des Lebens, mit der sich diese Rauhnacht beschäftigt:

Warum bin ich hier?
Was will ich hier auf die Erde bringen?
Was ist mein Lebenssinn?
Was ist mein Lebensziel?

Nimm dir etwas Zeit und beschäftige dich mit dem Tod. Er findet jeden Tag im Leben statt. Stelle dir selbst folgende Fragen:

Was ist endgültig vorbei?
Wo fühlst du dich gefangen und möchtest dich befreien?

Was will nun losgelassen werden?
Was ist dir für dein Leben wichtig?
Wofür setzt du deine Lebensenergie ein?
Was soll am Ende deines Lebens über dich gesagt und geschrieben werden?

Die Beschäftigung mit der Vergänglichkeit des Lebens bzw. der zeitlichen Begrenzung kann dabei helfen, das Leben neu zu ordnen, es zu strukturieren und sich auf das zu fokussieren, was man in diesem Leben erfüllen und erleben möchte.

Wissenswertes:

Die Rune Berkana steht für die Fruchtbarkeit und ist das Symbol von Mutter Erde. Sie bezieht sich auf Geburt, Heirat, Tod und verspricht ein friedvolles und fruchtbares Leben.

Borbeth-Barbara steht für das Zerschneiden des Lebensfadens und alter Verbindungen. Ihr Symbol ist der Turm. Der Name der Erdgöttin Beth steht für das Bett, in dem wir schlafen. „Beten", „betten" und „bitten" stehen auch damit in Zusammenhang. Beth garantiert, dass der Tod nur etwas Vorübergehendes ist. „Bar" bedeutet sowohl gebären als auch die Totenbahre. „B" wird an die Haustüre gemalt mit der Bitte um Frieden, Ruhe, Schutz und Segen.

Balthasar bedeutet: „Gott schütze sein (ewiges) Leben". Er bringt Myrrhe, die früher auch für die Einbalsamierung der Toten verwendet wurde. Myrrhe steht für den menschlichen Aspekt, der mit dem Tod vergeht.

Vergiss nicht deinen elften Wunsch zu verbrennen!

12. Rauhnacht

5. Januar
Heilige drei Madl – Tag der Gnade
Vorbereitung auf die Perchtnacht
Dreikönigsnacht
Nacht der Wunder
Monat: Dezember
Thema: Räuchern und bereinigen

Heute erwartet uns eine magische Nacht, in der vieles erlebt und gewandelt werden kann. Ein letztes Mal wird das Schicksal betrachtet, entsprechend gehandelt und abgewogen, bevor sich das Tor nun endgültig schließt. Dinge, die in den vergangenen Rauhnächten nicht so gut gelaufen sind, können gewandelt werden.

Nimm dir Zeit, und lasse die letzten zwölf Nächte und Tage an dir vorbeiziehen. Was ist nicht so gut gewesen? Was hat dich belastet? Welche Zeichen haben sich nicht gut angefühlt? Schreibe dir alles auf. Verbrenne es anschließend mit etwas Weihrauch oder Salbei. Sieh zu, wie deine Worte in den Flammen vergehen und wie sie in deiner Seele vergehen.

Dieser Tag wird genutzt, um sich auf die bevorstehende Nacht, die einen besonderen Segen und Zauber beinhaltet, vorzubereiten. In dieser Nacht finden vielerorts die Perchtumzüge und Perchtläufe statt bzw. erreichen ihren Höhepunkt und zahlreiche Sitten und Bräuche werden ausgeführt.

Die Nacht vom 5. auf den 6. Januar wird auch „Hollernacht", „Perchtnacht", „Dreikönigsnacht" oder „acht der Wunder" genannt. Ein letztes Mal begehrt die Wilde Jagd auf, bevor sich nun die Tore zur Anderswelt wieder schließen.

Bräuche in der Nacht der Wunder:

Man stellt in dieser Nacht „Perchtmilch", „Sampermilli" oder „Drei-Königs-Milch" bereit und backt daraus am nächsten Tag den Dreikönigskuchen. Dieser soll Segen und Fruchtbarkeit für das ganze Jahr bringen.

Hüte und Kopfbedeckungen werden in dieser Nacht geräuchert, was Klarheit bringen, die Konzentration fördern und gegen Kopfschmerzen helfen soll.

Magische und rituelle Gegenstände werden in dieser Nacht geweiht, geräuchert und energetisch aufgeladen.

Wasser, Salz, Kreide und allerlei andere Gegenstände werden hauptsächlich in der Kirche geweiht als Schutz und Kraft für Mensch und Tier sowie vor bösen Mächten.

Wasser, das um Mitternacht au den Quellen geschöpft wird, hat große Segens- und Heilkräfte.

Um Mitternacht kann man die Dreifaltigkeit am Himmel erblicken, und drei Wünsche gehen in Erfüllung.

Da sich in dieser Nacht unheimliche Kräfte tummeln, geht man nicht gern nach draußen.

Der Dreikönigswind ist ein heiliger Wind, der Stube und Haus segnet. Deswegen werden um Mitternacht alle Türen und Fenster aufgemacht. Um den Segen ins Haus zu lassen.

Es ist Brauch, in der Nacht vor dem Dreikönigstag in den Kamin zu sprechen, damit in das Haus kein Blitz einschlägt. Dabei soll man sagen: „Die Heiligen drei Könige sind hier. Kommen sie heute nicht, kommen sie morgen in der Früh."

Träume dieser Nacht sollen in Erfüllung gehen.

Vergiss nicht deinen zwölften Wunsch zu verbrennen!
Für den letzten Wunsch, der nun übrigbleibt, musst du selbst sorgen!

Abschluss und Ausklang

6. Januar
Heilige Drei Könige, Frau Holle-Tag,
Epiphaniazeit – Erscheinung des Herrn
Themen: Segen, Abschluss der Rauhnächte

Der 6. Januar stellt den Abschluss der Rauhnächte dar. Die Heiligen Dreikönige erreichen das Christkind, um es zu segnen. Am 6. Januar feiert die Kirche die „Erscheinung des Herrn". Man gedenkt dabei der Anbetung der heiligen drei Könige, der Taufe Jesu im Jordan sowie der Hochzeit zu Kanaa, bei der er sein erstes Wunder wirkte. Bis zur Mitte des 6. Jahunderts feierte man in Rom an diesem Tag die Geburt Jesu, heute ist dies nur noch in der Ostkirche Brauch

- *Um 24 Uhr in der Nacht auf den 6. Januar beendet ein neues Strahlen und Leuchten die Zeit des Todes und der Dunkelheit, die sich in Gestalt der „Wilden Jagd" zeigte.*

Frau Holle hat das Schicksal gewogen, bemessen und zeigt nun deutlich, wie es weitergeht. Fleißige Menschen, die anderen viel Gutes getan haben, werden belohnt, faule, unflätige, gierige und eigennützige Menschen sollen zur Umkehr gemahnt werden. An diesem Tag ziehen die Sternsinger umher und segnen die Häuser, indem sie mit geweihter Kreide die Buchstaben C+M+B über die Haustüre schreiben.
Früher war es Brauch, Glücksmünzen zu verschenken oder sie in ein Brot oder ein Kuchen einzubacken. Wer das Stück mit der Münze erhält, wird im neuen Jahr Glück haben.

Wenn du nun den letzten zwölf Tagen und Nächten ein Motto geben würdest, mit welchen Satz würdest du diese nun zusammenfassen? Schließe kurz deine Augen, und schaue, welche Farbe dir im Rückblick in den Sinn kommt. Jede Farbe hat eine besondere Schwingung, und deine Farbe wird im neuen Jahr den Ton angeben, Es ist die Farbe des neuen Jahresengels. Du kannst eine große Kerze in dieser Farbe besorgen, die du immer dann entzündest, wenn du von den Engeln und dem

geistigen Reich Hilfe, Schutz und Kraft benötigst. Welcher Duft kommt dir in den Sinn? Welches Gefühl steigt in dir auf?
Im Ausklang filtern wir die Quintessenz heraus, die uns wie eine „*Seelenmedizin*" durch das Jahr begleiten kann. Sende diese Farbe wie einen Segensstrom, auf dem du getragen wirst, in das neue Jahr hinein.

Das Sonnenkind lenkt nun seine Strahlen in das neue Jahr. Vielleicht hast du in den Rauhnächten eine leise Ahnung von dem gewonnen, was dich nun erwartet, worauf du deinen Fokus lenken möchtest, was zu tun und was zu lassen ist, wo heilsam und gut eingreifen kannst, was du weiterhin fortführen möchtest, und was du einfach akzeptieren solltest.

Wenn du wieder nächstes Jahr an dem Punkt stehst, kannst du deine Notizen wieder zur Hand nehmen und darauf achten, ob das Jahr wirklich dementsprechend verlaufen ist, ob es in den jeweiligen Monaten Ereignisse gab, die du vielleicht im Traum oder an dem Tag, für diesen Monat steht, vorausgeahnt hast. Auf diese Weise bekommst du ein Gefühl für die Botschaften aus den geistigen Reichen und die schicksalhaften Weichen, die in diesen besonderen Nächten gestellt werden.

Möge das neue Jahr viele schöne und ungeahnte Segnungen für dich bereithalten!
Mögest du das Beste erwarten und erhalten!

Schlusswort

Abschließend möchte ich dir ein Schlusswort zu den magischen Rauhnächten geben und dich ermutigen, dein bestes Jahr zu erschaffen.

Die Rauhnächte sind eine Zeit des Übergangs und der Transformation. Sie bieten uns die Möglichkeit, uns bewusst mit unserer inneren Weisheit zu verbinden, alte Energien loszulassen und Platz für Neues zu schaffen. Es ist eine Zeit des Rückzugs, der Reflexion und der Vorbereitung auf das kommende Jahr.

Nutze diese besondere Zeit, um deine Absichten und Ziele für das neue Jahr klar zu definieren. Nimm dir bewusst Momente der Stille, um in dich hineinzorchen und herauszufinden, was du wirklich in deinem Leben manifestieren möchtest. Visualisiere bereits jetzt dein gewünschtes Ergebnis und spüre die Freude und Erfüllung, die es dir bringen wird.

Sei offen für die Botschaften und Zeichen, die dir während der Rauhnächte begegnen. Vertraue auf deine Intuition und lass dich von deinem inneren Kompass leiten. Nutze Rituale wie das Räuchern oder das Schreiben von Wünschen und Verbrennen von alten Belastungen, um den Prozess der Transformation zu unterstützen.

Während dieser magischen Zeit ist es auch wichtig, sich selbst liebevoll zu behandeln und gut für sich zu sorgen. Nimm dir bewusst Auszeiten für Entspannung, Selbstfürsorge und Achtsamkeit. Lasse negative Gedanken oder Zweifel los und fokussiere dich auf positive Affirmationen und Glaubenssätze.

Erinnere dich daran, dass du der Schöpfer deines eigenen Lebens bist. Du hast die Kraft und das Potenzial, dein bestes Jahr zu erschaffen. Vertraue auf dich selbst, folge deinem Herzen und sei bereit, die nötigen Schritte zu unternehmen, um deine Träume zu verwirklichen.

Ich wünsche dir eine magische Zeit der Rauhnächte und ein Jahr voller Erfüllung, Freude und Erfolg. Mögest du deine Ziele erreichen und deine innere Kraft entfalten. Alles Gute auf deinem Weg!

Herzlichst,
Anette Kroll

Über die Autorin

Anette Kroll ist eine vielseitige und erfahrene Expertin auf dem Gebiet der spirituellen Beratung und persönlichen Entwicklung. Als Kartenlegerin, Akasha-Leserin und pferdegestützte Coachin hat sie sich einen Namen gemacht und unterstützt Menschen dabei, ihr volles Potenzial zu entfalten.

Mit ihrer Gabe als Kartenlegerin und ihrem eigenen Einhorn-Lenormand Kartendeck bietet Anette Kroll präzise und einfühlsame Beratungen an. Sie versteht es, die Energien der Karten zu interpretieren und den Ratsuchenden wertvolle Einsichten und Antworten auf ihre Fragen zu geben. Ihre Verbindung zur geistigen Welt ermöglicht es ihr, tiefgründige Informationen zu liefern und den Menschen dabei zu helfen, Klarheit in schwierigen Lebenssituationen zu finden.

Darüber hinaus ist Anette auch als Akasha-Leserin tätig. Durch das Lesen des Akasha-Feldes kann sie auf vergangene Leben, gegenwärtige Herausforderungen und zukünftige Möglichkeiten zugreifen. Dies ermöglicht es den Ratsuchenden, tiefe Einsichten zu gewinnen und ihre Lebenswege bewusst zu gestalten.

Ein weiterer Aspekt von Anettes Arbeit ist das pferdegestützte Coaching. In Zusammenarbeit mit Pferden unterstützt sie Menschen dabei, ihre persönliche Entwicklung voranzutreiben. Pferde sind sensible Tiere, die feine Energien wahrnehmen können. Durch den Kontakt mit ihnen können Blockaden gelöst, Ängste überwunden und neue Wege gefunden werden

.

*Auf ihrer Website **www.anette-kroll.de** finden Interessierte weitere Informationen über Anette Krolls Arbeit und können direkt eine Sitzung oder ein Coaching buchen. Dort sind auch Informationen über ihre Workshops und Seminare zu finden, in denen sie ihr Wissen und ihre Fähigkeiten weitergibt.*

Anette Kroll ist eine einfühlsame und erfahrene Expertin auf dem Gebiet der spirituellen Beratung und persönlichen Entwicklung. Mit ihren Fähigkeiten als Kartenlegerin, Akasha-Leserin und pferdegestützte Coachin unterstützt sie Menschen dabei, Klarheit zu gewinnen, Blockaden zu lösen und ihr volles Potenzial zu entfalten.

Quellnachweis

Bilder:

www.pixabay.com

#5514341 #2957821 #7685872 #3011490 #729567
#1926414 #3894621 #2957821 #7597802
#2912254 #1982669 #5514341

www.stock.adobe.com

#360725397

Haftungsausschluss

Dieses Werk ist urheberrechtlich geschützt. Nachdruck oder Vervielfältigung bedürfen einer schriftlichen Genehmigung der Autorin.
Bei körperlichen Bsechwerden, bitte immer einen Arzt aufsuchen.

www.anette-kroll.de

Printed in Great Britain
by Amazon